Total angesagt

Über dieses Buch:

Der Band versammelt Texte über die Geschichte der
Dinge: von den unentbehrlichen Utensilien des Alltags
bis zu den Objekten der Begierde und den It-Pieces der
Mode.

Wer hat's erfunden? Wer war verrückt danach? Wie
tönte die Werbung der Marken? Und was hat der Sound
der Dinge mit Erotik zu tun?

Über die Autorin

Karin Hartewig, Dr. phil. (Jg. 1959), ist freiberufliche
Historikerin und Autorin von Sachbüchern, Essays, Bel-
letristik und Lyrik.

Karin Hartewig

Total angesagt

Essays zur Kulturgeschichte

Bibliografische Informationen der Deutschen Nationalbibliothek: Die Deutsche Nationalbibliothek verzeichnet diese Publi-
kation in der Deutschen Nationalbibliografie; detaillierte Bibliografische Daten sind im Internet über http://dnb.dnb.de
abrufbar.

Herstellung und Verlag: BoD – Books on Demand, Nor-
derstedt

ISBN: 978-3-7528-1198-8

www.bod.de

Inhalt

Das Fräuleinwunder

Barbie war eigentlich gebürtige Deutsche und hieß früher einmal Lilli. Ihr Schöpfer, der Karikaturist Reinhard Beuthin, hatte sie im Juni 1952 in eine Zeitungsspalte der ersten BILD-Zeitung gekritzelt. Von da an durfte Lilli jeden Tag eine anzügliche Weisheit verkünden und ihre zahlreichen Verehrer mit kessen Sprüchen um den Finger wickeln. Die selbstbewusste Blondine mit dem Pferdeschwanz wurde als „bad girl" derart erfolgreich, dass man beschloss, sie als Werbegag einzusetzen. Als Geschenk für Erwachsene kam die „Lilli-Puppe" 1955 in die Läden. Sie trug immer eine maßstabsgetreue BILD-Zeitung bei sich. Aber schon bald erkannte man, dass sich eine ganz andere Zielgruppe für den Blondschopf in Stöckelschuhen interessierte: Mädchen mit einer Schwäche für Anziehpuppen. Binnen kurzem verfügte Lilli über eine beträchtliche Garderobe für jeden Anlass: vom Pyjama übers Dirndl bis zum Cocktailkleid – alles deutsche Wertarbeit. Bis zur Leinwandheldin brachte es die Modepuppe mit den endlos langen Beinen. 1957 kam „Lilli – ein Mädchen aus der Großstadt" in die Kinos der Republik.

Ein Jahr später wurde das deutsche Fräuleinwunder für Amerika entdeckt. Die erwachsene Puppe fiel Ruth Handler, der Mitbegründerin des Spielzeugwarenkonzerns Mattel, in einem Schweizer Schaufenster auf. Von ihrer Europareise zurückgekehrt erwarb Mattel alle Rechte an Lilli, die so überaus amerikanisch wirkte. Sie wurde zum Vorbild für die berühmteste Puppe der Welt.

Als Barbie trat sie am 9. März 1959 auf der New Yorker Spielwarenmesse ins Licht der Öffentlichkeit – 29 Zentimeter groß, bekleidet mit nichts als einem Badeanzug, Perlenohrringen und einer Sonnenbrille. Todschick das Streifenmuster des trägerlosen Einteilers und die dunklen Gläser im

Schmetterlingsdesign! Die erste halbe Million Puppen und doppelt so viele Kleider waren in Rekordzeit ausverkauft. Alle wollten Barbie. Anfangs war sie brünett oder blond mit dauergewellten Krüselhaaren, die hart in Form gebracht werden mussten. Doch bald verwandelte sie sich in eine Blondine mit wehender Mähne. Und sie blieb nicht allein: 1961 gesellte sich Ken, der Dauerverlobte, hinzu, und zwei Jahre später folgte als beste Freundin, die sommersprossige Midge.

Schnell wurde Barbie zum Star im Kinderzimmer. Nun war unter Puppenmüttern nicht mehr Wickeln, Stillen und Kochen angesagt, sondern Tanzen, Turteln und Kleider wechseln. Kleine Mädchen spielten Erwachsene. Von Anfang an war Barbie eine berufstätige Frau ohne Ehemann und Kinder, aber mit eigenem Haus, Auto, Pferd, Hundeschule und Märchenschloss.

Barbies Siegeszug um die Welt war unaufhaltsam. Immer ist sie perfekt gestylt. Sogar Christian Dior greift für sie zum Skizzenblock. Und Barbie ist eine echte Verwandlungskünstlerin. Lächelnd schlüpft sie in Kleider, Rollen und Berufe und erfindet sich immer wieder neu. Perfekt verkörpert sie den amerikanischen Traum: als Filmdiva, Pilotin, Sportlerin, Geschäftsfrau und natürlich als Supermodel. Alles scheint möglich.

Weltweit wurde Barbie zur berühmtesten Trendsetterin in Sachen Weiblichkeit und Erotik. Sie begleitete Generationen in die Pubertät. Hierzulande soll noch heute jedes Mädchen etwa sieben Barbies besitzen! Von Feministinnen verteufelt, war die langbeinige Puppe mit der XXL-Oberweite der Wirklichkeit stets einen Schritt voraus. Barbies Welt, das ist jene Mischung aus Trash und Märchen, aus der die Träume sind, die immer ein Happy End haben.

Sehr aufgesetzt

Am Anfang waren sie nur ein Schild, der die Augen vor Licht, Wind und Staub schützte. Erst in den 20er Jahren wurden sie zum Accessoire. Und seit Jahrzehnten kennen wir die Sonnenbrillen-Klassiker, die wohl niemals aus der Mode kommen.

Seit 1937: Pilotprojekt

Den Prototyp des modernen Helden-Accessoires entwickelte der Optik-Industriekonzern Bausch & Lomb 1937 für die Piloten der US-Luftwaffe. Die „Ray-Ban Aviator" hatte polargrüne Gläser in Tropfenform und eine schmale Fassung aus Metall. General Douglas MacArthur trug sie, als er seine Truppen im Südpazifik während des Zweiten Weltkrieges führte – die Fotos davon machten ihn zum Helden, und die Brille machte ihn daheim berühmt. Auch Regierungschefs verlieh sie eine heroische Aura, etwa dem britischen Premier Winston Churchill und dem US-Präsidenten und früheren General Dwight D. Eisenhower. Mit den Siegern kam die „Ray-Ban" 1945 nach Deutschland.

In der verspiegelten Variante wurde sie bald zur bevorzugten Tarnung für Agenten, Spione und Polizisten weltweit. 1986 begründete Tom Cruise in „Top Gun" einen neuen Kult um die Pilotenbrille. Bis heute ist sie ein Klassiker, dessen Form gern und oft kopiert wird.

Seit 1952: Cool-Cat-Faktor

Das coole Lebensgefühl der 50er Jahre setzte keine andere Sonnenbrille so kongenial in Szene wie die schwarze „Wayfarer". Die Stars des Jazz trugen sie sogar in den Nachtklubs, allen voran Cool Cat Miles Davis. Kinohelden wie James Dean machten das Design populär. Die undurchdringlich dunklen Gläser schufen das perfekte Inkognito. Ray-Bans Erfolgsmodell Nummer zwei kam 1952 auf den Markt und wurde von Männern wie Frauen getragen. Zum kleinen Schwarzen samt Perlencollier verbarg die zierliche Audrey Hepburn als Holly Golightley 1961 in „Frühstück bei Tiffany" ihre Melancholie hinter den dunklen Gläsern. Knapp 20 Jahre später feierte das Horngestell in John Belushis und Dan Aykroyds „Blues Brothers" sein großes Revival – der Film brachte dem Modell den ultimativen Durchbruch zur Kultbrille. Die Verkäufe schnellten noch einmal in die Höhe, als Don Johnson in „Miami Vice" mit der „Wayfarer" auf der Nase ermittelte. In diesem Sommer kommt das Gestell in bunten Farben daher.

Seit 1957: Tam-Tram

Wohl nur in Italien werden öffentlich Bedienstete mit einer Designerbrille ausgestattet: Die „Persol 649" wurde 1957 für die Turiner Straßenbahner kreiert. Sie sollte die Fahrer vor Sonne, Staub und Zugluft schützen. Doch das Modell war auch außerhalb der Tram gefragt. Die „Persol 649" verkaufte sich rasant, seit Marcello Mastroianni in „Scheidung auf Italienisch" sie zur Legende machte. Als begehrtes Accessoire der Schönen und Reichen eroberte das runde, sanftere Gegenstück zur „Wayfarer" die USA. Mit Steve McQueen wurde die „649" in dem Film „The Thomas Crown Affair" zum Klassiker. Tom Cruise trug die Persol in „Cocktail", Jack Nicholson in „Blood and Wine", und Daniel Craig setzte sich das neue, flache Persol-Modell 2720 in „Casino Royale" auf. Es macht das Gesicht kantiger, schärfer. Natürlich fliegen auch die berühmten Luftakrobaten der italienischen Luftwaffe, die „Frecce Tricolori" mit der Persol. Womit nahezu als bewiesen gilt, dass die „Persol" etwas für harte Typen ist, die Stil beweisen (wollen).

Seit 1966: Runde Riesen

Mit kreisrunden Zelluloidfassungen fing alles an. In Weiß waren sie bereits Anfang der 40er Jahre schwer in Mode. Audrey Hepburn trug 1966 ein weißes XXL-Modell in „Wie klaut man eine Million" und demonstrierte, wie betont auffällig man sich hinter Sonnenbrillengläsern verstecken kann –

wenn sie nur riesig groß genug sind. Jackie Onassis trug eine atemberaubend große Sonnenbrille, die als „Jackie O's" stilbildend wirkte. In den 70er Jahren gehörten die Shades im Over Size-Format ebenso zum Outfit wie Plateauschuhe.

Auch in diesem Sommer dürfen Sonnenbrillen alles sein: rund, eckig, mit der ohne Rande – nur nicht klein. Megagläser ohne Fassung lassen an die Augen von Riesenfliegen denken. Sonnenbrillen, die wie Schlafmasken das halbe Gesicht bedecken, werden im Klatsch-Slang böse „My Husband Beats Me-Shades" genannt. Ohne Zweifel bieten sie den perfekten, großflächigen Schutz vor indiskreten Blicken, aber auch den größten Glamour-Effekt.

Zum Weiterlesen

Karin Hartewig: Der verhüllte Blick. Kleine Geschichte der Sonnenbrille, Marburg 2009.

Küss mich!

Es begann auf der Weltausstellung in Amsterdam im Jahr 1883. Damals stellten zwei Pariser Parfumeure den ersten Lippenstift vor. Weil der Winzling vorerst nur in Seidenpapier eingewickelt war, hatte er schnell seinen respektlosen Spitznamen weg: la saucisse, das Würstchen. Doch die Bühnenheldin Sarah Bernhardt nannte ihn gespielt frivol „stylo d'amour" und zog sich damit öffentlich die Lippen nach. Seitdem macht der Zauberstift, in immer neuen Verpackungen und seit 1948 mit Drehmechanismus, Furore. Denn wie Estée Lauder einst sagte: „Lippen sind nicht dazu geschaffen, beige zu sein. Es sei denn, man ist halbtot und liegt im Krankenhaus". Damit sprach sie den Frauen aus der Seele.

Die rote Verführung

Die Signalfarbe sorgt seit jeher für erotische Verwirrung zwischen den Geschlechtern, und sie stellt die Machtfrage. Königinnen, Suffragetten und

Leinwandgöttinnen, aber auch Prostituierte lieben knallrote Lippen. Ein purpurroter Mund ist triumphierend und gefährlich, sinnlich und verführerisch, einschüchternd und einladend zugleich. Er wurde zum Markenzeichen von Rita Hayworth, Marilyn Monroe und Paloma Picasso.

Und alle wollten ihn haben. Nach dem Krieg zauberten die feuerroten Liebesgaben der GIs deutschen Fräuleins eine Ahnung von Glamour und Sexappeal auf die Lippen. Im Osten trat die rote Verführung ihren ultimativen Siegeszug nach 1989 an. Die Zeichen standen nicht länger auf Revolution, sondern auf Revlon. Bevorzugte Farbe: leuchtendes „China Red".

Wie das kleine Schwarze ist der Klassiker unter den Lippenfarben jenseits aller Trends eine Klasse für sich. Und seitdem die führenden Luxusmarken den Schönmacher in Edelmetall verpacken, mutiert mancher Lippenstift zum echten Kronjuwel. In Zeiten des unverschämten Reichtums funkeln die handgefertigten Luxus-Liner „Rouge Kiss" & Co auf Bestellung nach angemessener Lieferzeit mit

Diamanten auf Gold, bevor sie diskret in den Handtaschen verschwinden.

Düstere Charaktere

Doch es muss nicht immer rot sein. Das bewies schon die Pariser Bohème. Mit gefährlich giftgrünen Lippen schlürften die jungen Wilden um 1900 am Montmartre ihren Absinth. Aber als etliche Frauen nach „grüner Pomadisierung" starben, wurde das toxische Grünspanpulver verboten.

Gut zwanzig Jahre später zauberten junge Frauen mit Bubikopf-Frisur traumhaft schöne Amorbögen in den dunkelsten Farben auf ihre Münder. Lippenschablonen verhalfen ihnen zum typischen Bienenstich-Mund der Showgirls und Stummfilmstars von Josephine Baker bis Asta Nielsen. Der kleine Kussmund in Brombeere oder Schwarz war ein Schminktrick Max Factors, dem Make Up-König des Hollywood Kinos.

Erst die Urenkel der Bubi-Köpfe färbten in den 80ern ihre Lippen wieder schwarz, blau oder violett. Punks und die wilden postfeministischen Riot

Grrrl-Bands erfanden den androgynen Look neu.
Längst sind die exaltierten Farbtöne auf dem Cat
Walk angekommen. In dieser Saison versprechen
„Bad Blood", „After Dark", „Menace" oder
„Blackmail" Übles.

Femme Fatale

Auch die Bad Girls des „Film Noir" trugen reich-
lich Lippenstift. Sie waren betörend schön, durch-
trieben und bis zur Niedertracht böse. Wo sie auf-
tauchten, verströmten sie den Geruch von Begeh-
ren, Verwirrung und Verhängnis. Raffiniert, intelligent und machtvoll stöckelten die Meisterinnen
der Manipulation durch das Spiel aus Licht und vor
allem Schatten. Natürlich waren die Lippen der
Heldinnen tiefrot geschminkt. Oder können Sie
sich Bette Davis, im Nude-Look mit einem blass-
rosa Lippenstift vorstellen? Nicht einmal im
Schwarzweißfilm!

In der kommenden Wintersaison kehrt die fatale
Leidenschaft, für alle, die sie suchen, in den Farben der 40er Jahre zurück mit vielversprechenden

Namen wie „Film Noir", „Fetish", „The Scene" oder „Vogue en Violet". Drama, Baby!

Tween Beauty

Seit Nabokovs Skandalroman „Lolita" (1955) ist aus dem literarischen Nymphchen von zwölf Jahren ein Markenartikel geworden: die Phantasie verführerischer Sinnlichkeit und kindlich reiner Unschuld junger Mädchen bestimmt unsere Kultur mehr denn je. Inzwischen träumen schon die Kleinsten den Cinderella-Traum von Schönheit und Ruhm. Mädchen zwischen acht und zwölf, die Tweens, können ihr Taschengeld für Kinderkosmetik ausgeben. Im Einsatz von Nagellack sind die Kids in den USA bereits im Grundschulalter Profis. Und mehr als die Hälfte der unter Zwölfjährigen benutzt im Land der unbegrenzten Styling-Möglichkeiten einen Lippenstift. Hilary Duff, die allerdings schon 15 ist, gibt den Ton an.

Hierzulande sind die ersten Beautysalons für Kinder ab zwei Jahren vorerst noch an zwei Händen abzuzählen. Doch Lip Gloss für Tweens ist passend zum Nagellack und Lidschatten in mehreren Farben zu haben: natürlich in diversen Pinktönen, in Aprikot, Rot und in Violett. Beruhigend, dass es für die kleinen Katastrophen des Lebens auch das passende bunte Heftpflaster gibt.

Man's World

Die alten Ägypter pinselten sich die Lippen mit Zinnoberpaste hellrot, um den Göttern ähnlicher zu werden. Als Zeichen ihrer Stärke und Kampfbereitschaft färbten seit der Antike auch die Herren Krieger ihre Lippen. In der Zeit des europäischen Barock gefiel sich der Adel in Perücke, Puder, Rouge und Lippenrot. Und bei den Tuareg Afrikas schwärzen die Männer ihre Lippen mit giftigen Abfällen aus alten Alkalibatterien.

Eigentlich schade, dass der archaische Kult, die aggressive Kriegsbemalung und die aristokratische Schminke für Männer im bürgerlichen Zeitalter unserer Breitengrade in Vergessenheit geraten sind. Selbst ein Lippenstift in dezenten Farben, passend zum sanft getönte Feuchtigkeitsfluid und

Bronzepuder konnte sich unter den Metrosexuals bislang nicht so recht durchsetzen. Nur Mut, meine Herren!

Rauchzeichen

Eine Ära, verraucht

Vor nicht allzu langer Zeit rauchte die ganze Welt. Ohne Aschenbecher war kein Zimmer komplett möbliert, das Leben maß man in Zigarettenlängen. Das Rauchen vertrieb die Zeit, gab der Hand eine Beschäftigung und entband gelegentlich vom Zwang zur Konversation. Man rauchte im Wartezimmer, beim Friseur, im Zug, im Supermarkt, im Büro, in Küche, Bad und Schlafzimmer. Mütter rauchten, während sie ihre Babys wiegten. Und Journalisten vernebelten die Fernsehstudios vor laufender Kamera mit dichtem Qualm.

Noch zu Kaisers Zeiten war der Tabak das Vorrecht der Männer. Frauen, die rauchten – womöglich in aller Öffentlichkeit - waren dagegen „Milieu". Eine im Mundwinkel geparkte Zigarette galt als Anschlag auf die bürgerliche Wohlanständigkeit. Doch bereits manche unserer Großmütter mit Bubikopf und Lippenstift genossen den Glimmstängel und fühlten sich emanzipiert. Triumphierend und selbstbewusst hielten sie ihre Zigarette zwischen Daumen und Zeigefinger.

Aus der Literatur und Malerei der Moderne ist die Zigarette nicht wegzudenken. Sie wurde zum Attribut der Auflehnung schlechthin. Aber erst das Kino machte rauchen sexy. Ein bisschen blauer Dunst und die Leinwandhelden und Stars verwandelten sich in coole Typen und aufreizend souveräne Schönheiten. Wenn Humphrey Bogart Lauren Bacall auf der Leinwand Feuer gab, knisterte es vor Erotik. Und wenn Marlene Dietrich mit gesenktem Blick und schweren Lidern eine dünne Rauchwolke nach unten hauchte, war diese Geste laszive Einladung und hintergründige Aggression zugleich. Hollywood führte auch eine neue Geste ein und alle Welt imitierte sie: man hielt die Zigarette „amerikanisch" zwischen Zeige- und Mittelfinger oder nach Gangster-Art zwischen Mittel- und Ringfinger. Das wirkte very sophisticated.

Und heutzutage? Raucher gelten nur noch als Süchtige, als lasterhafte Subjekte, unfähig zu gesundheitsbewusster Selbstdisziplin, als uneinsichtige Selbstzerstörer, die auch noch das Leben aller Nichtraucher in ihrer Umgebung gefährden. In den 80ern fing es damit an, dass Raucher in manchen Privatwohnungen auf den Balkon geschickt wurden. Das war der Anfang vom Ende.

Nischen

Adressen von reinen Raucherlokalen – zwischen angesagt und stilvoll – werden inzwischen in Internetforen wie Geheimtipps ausgetauscht. Aber nicht immer und überall ist eines in der Nähe. Wer auf den Besuch der rustikalen Eckkneipe mit ihrer „getränkegeprägten Kleingastronomie" und dem Wirt mit den schlechten Zähnen lieber verzichtet und wer auch nicht bei jedem Lokalbesuch Ver-

einsmitglied in einem Raucherclub werden will,
dem bleibt vorläufig nur das Rauchen im Freien -
bei jedem Wetter. Ob wir Windstärke zehn,
Schnürlregen, Temperaturen unter null oder
Schneegestöber haben, egal! Die Angehörigen der
diskriminierten Minderheit werden wie die Hunde
vor die Tür gesetzt. Eine Stimmung von düsterem
Heroismus hängt vor dem Eingang der Restaurants
und Cafés ohne separate Raucher-Lounge. Dort
teilen Menschen, die sich nie wieder begegnen
werden, frierend das harte Los. Selbst viele exklu-
sive Nachtbars haben sich zur rauchfreien Zone er-
klärt. „Wir müssen leider draußen bleiben", sagen
die Spielregeln, solange die Zigarette glimmt.

Unentbehrliche Accessoires

Unter diesen widrigen Bedingungen ist es für die
neuen Outdoor-Aktivisten aller Länder nicht leicht,
Haltung zu bewahren. Für das kommende Herbst-
wetter sind Sturmfeuerzeuge zu empfehlen, die nahezu jeder Witterung trotzen, ob aus gebürstetem
Aluminium im unverkennbaren Abenteuer-Look

oder als sturmsicheres und zugleich gesellschaftsfähiges Chromfeuerzeug. Wahlweise sollte das Überlebenskit des Rauchers wasserfeste Streichhölzer enthalten, die jeden subtropischen Monsun überstehen würden.

In Italien, wo „bella figura" erste Bürgerpflicht ist, hüllen sich rauchende Männer an kalten Wintertagen neuerdings in einen kurzen Umhang. In den Versionen elegantes Schwarz mit rotem Seidenfutter, sportlich-modern oder Poncho wärmt er die Unverbesserlichen draußen vor der Tür und dient zugleich als schräges Outfit in Nachtclubs und Diskotheken. So müssen Raucher nicht jedes Mal zur Garderobe gehen, wenn sie Lust auf einen Glimmstängel haben. Die Idee für das Raucher-Mäntelchen ist dem Smoking entliehen. Den zogen einst die Männer über, wenn sie sich in den Rauchsalon zurückzogen, zu dem die Damen der besseren Gesellschaft natürlich keinen Zutritt hatten. Die Jacke schützte die Kleidung vor den Qualmgerüchen. Wenn die Herren den Salon verließen, legten sie den Smoking wieder ab, um die feinen Nasen ihrer weiblichen Begleitung nicht zu belästigen. Zur eleganten Garderobe wurde der Smoking, als der Herzog von Windsor und König von England, Edward VIII, seine Dinner-Gäste eines Abends im Smoking empfing. Wer weiß, vielleicht wird auch er verschwinden, wenn es bald überall heißt „No Smoking"? Dann könnte das Cape, das in seiner Edelversion Graf Dracula alle Ehre gemacht hätte, demnächst zum wichtigsten Stück männlicher Ausgehgarderobe avancieren.

Spurlos rauchen

Um sich den letzten Rest von Sympathie oder Mitleid nicht zu verscherzen, sollten die renitenten Raucher eifrig an ihrer Selbstentsorgung oder doch zumindest an ihrer Camouflage arbeiten. Verräterische Nikotinflecken an Fingern und Nägeln lassen sich vermeiden, wenn eine Zigarettenspitze verwendet wird. Das mondäne Utensil aller Dandys und Königinnen der Nacht, das erfunden wurde, bevor es Filterzigaretten gab, erlebt zur Zeit ein kleines Comeback. Zigarettenasche und Kippen verschwinden diskret und dekorativ im mitgeführten Taschenascher. Modelle in der Größe eines USB-Sticks mit Schiebemechanik, kreisrunde Pillendosenformate mit ausklappbarer Ablage oder quadratische Kästchen mit Klappdeckel stehen zur Auswahl für die Zigarette unterwegs und zwischendurch. In jedem Fall sollte das kleine feine Behältnis handschmeichlerisch aus edlem Sterling-Silber gefertigt sein.

Der letzte Schrei aber ist „Siri“, eine Stummelbox fürs Après-Smoking, die in sechs Knallfarben zu haben ist. Auf der Gartenparty, am Skilift, beim Wandern, in der Theaterpause, im Auto, beim Open Air oder auf der Yacht schluckt der kleine Begleiter Stummel um Stummel, wenn sich sonst gerade keine andere Möglichkeit der Entsorgung bietet. Schließlich wollen Raucher mit notorisch schlechtem Gewissen keinesfalls ihre Kippen während der Autofahrt aus dem Fenster schnippen, im Bierbecher ausdrücken, diskret unter sich fallenlassen, in den Schnee oder über Bord werfen. Irgendwie erinnert diese Form vorbildlich-korrekter Spurenbeseitigung an Tüte und Schaufel der Dog Clean-Automaten, die in deutschen Parkanlagen aufgestellt sind, um das große Geschäft des geliebten Vierbeiners zu beseitigen.

Vor der Rückkehr in die rauchfreie Gesellschaft steht das Ritual der Selbstreinigung. Dann schlägt die Stunde des Anti-Rauch Mundsprays. Doch Vorsicht Kettenraucher! Die Hersteller warnen davor, die empfohlene tägliche Verzehrmenge zu überschreiten. Der Geruchskiller fällt unter die Nahrungsergänzungsmittel und sollte nicht als Ersatz für eine ausgewogene und abwechslungsreiche Ernährung dienen.

Hard Times

Zwar ist es noch nicht untersagt, Rauchutensilien und Tabak zu besitzen. Doch die Zeiten sind hart genug. Nicht wenige Raucher (und Nichtraucher) fürchten, dass der Tabakgenuss bald überall verboten sein wird, sogar in Privaträumen oder im eigenen Auto: Wehe, wenn der Qualm durchs offene Fenster in die Wohnung Ihrer Nachbarn zieht. Oder wenn sich im Umkreis Ihres Autos Kinder aufhalten, die Ihnen womöglich dabei zuschauen könnten, wie Sie sich Ihrem teuflischen Laster hingeben! Der fürsorgliche Staat hat sich verbündet mit den kühl kalkulierenden Ökonomen aller Lebensrisiken und den notorisch alarmierten Gesundheitsaposteln mit ihren fünf vor Zwölf-Gesichtern. Für die Untertanen, die am liebsten paffen, wie ein Vergnügungsdampfer, aber auch für alle, die mit Genuss ab und zu eine rauchen wollen, heißt das: Willkommen in der Nannydiktatur! Bleibt zu hoffen, dass die Verbots-Fundamentalisten mit dem mahnenden Zeigefinger demnächst zurückgepfiffen werden.

Wie das Dirndl zuerst jüdisch und dann nationalsozialistisch wurde

Pünktlich zum Wies'n-Auftakt dirndlt es wieder. Passé sind die Zeiten, als man Trachtenmode für hinterwäldlerisch, kleinkariert wie die zugehörigen Hemden zur Lederhosen der Mannsbilder oder doch zumindest für konservativ gehalten hat. Längst überwunden ist auch eine ironische Distanz zur bayerischen Folklore. Inzwischen geht man / frau ganz selbstverständlich in Tracht. Für andere ist das größte Volksfest der Welt eine Art vorgezogener Fasching und damit ein willkommener Anlass zur Verkleidung. Gegen modische Entgleisungen bei der Kostümierung kursieren im Netz

Grundregeln wie diese, dass nämlich das Dirndl maximal so kurz ist wie ein Maßkrug hoch ist.

Längst haben die Designer von Dolce & Gabbana bis Yamamoto das Dirndl entdeckt und sich zu neuen Kreationen inspirieren lassen. Für Vivienne Westwood, die exzentrische Lady des Punks, die im Jahr 2010 in Wien offiziell zur „Trachtenbotschafterin" gekürt wurde, ist das Dirndl Ausdruck emanzipativer Erotik.

Ursprünglich war es einmal das Arbeitskleid junger Mägde (der Dirnen) auf den alpenländischen Bauernhöfen gewesen. Über dem Hemd wurde das eigentliche Trägerkleid getragen, alles aus einfachen Baumwoll- oder Leinenstoffen. Dazu die Schürze, die oft aus einem Stück Bettzeug geschneidert war.

Wallach

Spätestens seitdem die Operette „Im weißen Rössl" 1930 ausgerechnet bei den „Preißn" im alpenfernen Berlin zum Publikumsrenner und Welterfolg wurde, kam das bodenständige Gewand schwer in Mode. Alle wollten Dirndl tragen – am liebsten eines vom „Wallach". Denn die Bühnenkostüme stammten aus dem bekannten Münchener Volkskunsthaus, das die Brüder Moritz und Julius Wallach, zwei Zugereiste aus Bielefeld, im Jahr 1900 gegründet hatten. Mit ihren Stoffdrucken aus eigener Fabrikation waren die Kaufleute über München hinaus längst zu den Begründern der Trachtenmode als gehobene Konfektionsware geworden, die vom Bürgertum so gerne in der alpenländischen Sommerfrische getragen wurde – ein Massenphänomen urbaner Landlust, für die auch assimilierte Juden ein Faible entwickelten. Wallach hatte schon den europäischen Hochadel mit Unikaten aus Seide beliefert. Und 1911 hatten die Brüder sogar das zweite Oktoberfest mit Trachten aus der Zeit um 1811 ausgestattet. Zugleich zählte ihre Sammlung von Volkskunst zu den touristischen Attraktionen der Stadt. In den 20er Jahren wurde der „Wallach" zum Synonym für bayerische Trachten, Volkskunst und Interieurs schlechthin.

Nach 1933 war es mit der Tradition vorbei. An den Kollektionen wie auch an den Exponaten der Sammlung soll die nationalsozialistische Elite zwar durchaus Gefallen gefunden haben. Angeblich fanden die handgedruckten Stoffe von Wallach sogar in Hitlers Berghof Verwendung. Als Juden gehörten die Firmengründer aber plötzlich nicht mehr dazu. Ein Teil der Familie konnte rechtzeitig emigrieren, der andere wurde deportiert. Und das Unternehmen fiel 1938 der Arisierung zum Opfer – ein begehrtes Objekt, nicht nur wegen der erstklassigen Innenstadtlage. Schließlich bot sich die Tracht vorzüglich zur demonstrativen Kostümierung der nationalsozialistischen Heimatschutz-Idee wie auch der „Volksgemeinschaft" an. Folglich war es Juden in einigen Regionen des Reiches verboten, Tracht zu tragen. Umgekehrt galt die Tracht mitunter als gleichwertiges Äquivalent für formelle Kleidung oder Gesellschaftskleidung. Doch Trachten wurden nicht nur sozial aufgewertet und ideologisch vereinnahmt, sondern jenseits aller Beteuerungen der Bewahrung des Althergebrachten neu kreiert. Im Zentrum der „erfundenen Traditionen" stand das Dirndl, das zur textilen Signatur der Epoche wurde, wie das Charleston-Kleid für die 20er und der Petticoat für die 50er Jahre.

Dekolleté

Und das kam so: In der „Mittelstelle Deutsche Tracht der Reichsfrauenorganisation" entwarf die „Reichsbeauftragte für Trachtenarbeit", Gertrud Pesendorfer, in den 30er Jahren das neue germanische Kleid. Dabei orientierte sie sich mitnichten an den regional höchst unterschiedlichen heiligen Festtagstrachten. Die bestanden nicht selten aus mehreren Röcken, meterlangen schweren Stoffen und steifen, teilweise unförmigen, stets hochgeschlossenen Miedern, in denen der weibliche Körper wie in einer Urne steckte. Dazu wurde mitunter ein überdimensionaler Kopfputz getragen. Stilbildend wurde fortan eine reduzierte Tracht, die Pesendorfer aus dem Arbeitskleid entwickelte. Nach der Maxime weniger ist mehr „entkatholisierte“ und sexualisierte sie ihr Modell. Das Ergebnis: ein kragenloses, dafür tief dekolletiertes Dirndl mit hoher Taille, geschnürtem oder geknüpftem engem Mieder, welches für stramme Haltung sorgte, und einem kurzärmeligen weißen Blüschen, das die nackten Oberarme sehen ließ. Wir finden es als folkloristische Berufskleidung der Kellnerinnen in den durchgestylten Rasthäusern an den nagelneuen „Straßen des Führers“, als zeit- und klassenloses Sommerkleid der deutschen Volksgenossin, als eine Art von Nationaltracht bei allen Anlässen forcierter Fröhlichkeit im Pausenraum der Diktatur, als modisches Statement Eva Brauns, des ersten It-Girls des Dritten Reiches, als Festtagskleid des BdM und der NS-Frauenorgani-sationen, und gelegentlich auch in der mondänen Version als bodenlanges Abendkleid. Das Wies’n-Dirndl als Mode für alle und kollektives Bekenntnis zur folkloristischen Spaßkultur, das heutzutage für echte Tradition gehalten wird, entstand im Dritten Reich.

Doch jenseits der Ideologie verhält es sich mit dem Dirndl wie sonst auch in der Mode: es gibt keinen guten und bösen, sondern nur guten und schlechten Geschmack. 1930 tönte es an jeder Straßenecke „Was kann der Sigismund dafür, dass er so schön ist!“, ein Ohrwurm aus der Operette „Im weißen Rössl“. Der Text könnte auch lauten: Was kann das Dirndl denn dafür, dass es missbraucht wurd‘?

Von toten Punkten und der wilden Frische von Limonen.

Der Klang der Marken.

Der Sprecher hat das allseits bekannte theatralische Pathos von Bühne und Kanzel noch nicht abgelegt. Trotzdem ist der Spot Avantgarde. Denn das Auftaktbild stimmt den Zuschauer auf „Moderne" ein. Am Himmel bilden sich große schwarze Kreise, die nach unten schweben. Sie kommen buchstäblich „out of the blue" – aus dem Nichts. Morsezeichen schwirren durch den Äther, und aus einem Sprachrohr tönt eine Stimme gebieterisch aus dem Off: „Überwindet den toten Punkt!" Die riesigen schwarzen Punkte legen sich auf die Sekretärin, den Autofahrer und auf das tanzende junge Paar. Ihre Bewegungen werden bleiern langsam, bis sie eingeschlafen sind. Doch Rettung naht! Mit einem Knall explodiert eine Rakete und eine schwarze Flasche schießt nach oben. „Überwindet den toten Punkt mit Afri Cola!", beschwört uns die Stimme. Beim schnellen Rhythmus des Rock'n Roll tanzt das Pärchen wie elektrisiert, der Autofahrer wird zum Raser und die Sekretärin tippt ihre Briefe in Rekordzeit. Am Ende formieren sich viele Flaschen zu einem Karree. Und das verwandelt sich in das Signet von Afri Cola mit dem charakteristischen Schriftzug und der stilisierten Koka-Palme. Es tönt: „Afri Cola überwindet den toten Punkt!"

Mit dem Animationsfilm *Überwindet den toten Punkt* startete Afri Cola 1955 seine TV-Werbung in bewegten Bildern. Der Slogan war die Botschaft. In der Aufbaugesellschaft des Wirtschaftswunders ging es noch nicht um hedonistische Werte, sondern um die Erhöhung der Leistungsfähigkeit, die ein koffeinhaltiges Aufputschmittel versprach. Die Comicfiguren des Spots – die Sekretärin, der Autofahrer, das junge Paar, allesamt Vertreter der Mittelschicht, teilen die Werte und Ziele der Zeitgenossen: Arbeit, Leistung, Mobilität, Wachstum und Fortschritt und ein wenig Freizeit.

Schaukampf I

Eine kleine deutsche Marke aus Köln sagte 1955 dem amerikanischen Riesen den Kampf an. Der Herausforderer hieß Afri Cola. Der Platzhirsch war Coca-Cola. Eine Neuauflage der alten David-gegen Goliath-Geschichte. Denn beide Limonaden hatte es bereits in der Weimarer Republik gegeben: Coca-Cola erstmals 1929, Afri Cola ab 1931. Bis zum Zweiten Weltkrieg hatten sie beim Absatz sogar gleichauf gelegen. Nach 1945 war die deutsche Cola jedoch ins Hintertreffen geraten. Als Nachhut der US Army drängte die amerikanische Brause mit Macht auf den Markt.

Dem Arbeitsethos ebenfalls verpflichtet, aber leichtfüßiger ließ der Gigant aus den USA seine Brause seit 1954 in Deutschland bewerben. „Mach mal Pause" lautete der genialere Slogan, der besser zur überhitzten kollektiven Arbeitswut jener Jahre passte. Mindestens 24 Episoden von je 30 Sekunden wurden für den Rundfunk produziert. Sie handeln von der Arbeit auf dem Bau, in der Fabrik und im Büro und vom Sport. Der Slogan stammte aus der Feder von Hubert Straufs und seiner Agentur „Die Werbe" in Essen. In den Hörfunkspots wurde die fürsorgliche Aufforderung an alle Workaholics wirkungsvoll mit einem Pausenpfiff verstärkt – eine Reminiszenz an den Fußball, seitdem Deutschland in Bern Weltmeister geworden war. Dann folgte der von einem Männertrio zart gesungene Slogan „Mach Mal Pause – Coca-Cola!"

Ganz anders präsentierte sich die amerikanische Pepsi auf dem deutschen Markt. Pepsi blieb die ewige Nummer drei. Vielleicht lag es daran, dass man hier auf Verse aus Opas Pantoffelkino-Werbung und auf ein Duett im Sprechgesang vertraute? Der Rap aus den 50er Jahren ging so:

Pepsi

Mann: Pepsi hhhm, Pepsi - man hört es, man sieht's, man bestellt es!

Frau: Pepsi en [französisch: ã], Pepsi – man trinkt's und wer's trinkt, dem gefällt es!

M: Pepsi uiii, Pepsi für Leute von heute wie ihr es seid

F: Pepsi Cola, Pepsi Cola passt in unsre Zeit

M: Pepsi Cola muss es sein

F: Pepsi Cola schmeckt so fein

M: So erfrischend gut verträglich trinket Pepsi, trinkt es täglich

F: PEPSI COLA!

Hörfunkwerbung für "Pepsi Cola" (1956). Quelle: Historisches Werbefunkarchiv Uni Regensburg (HWFA).

Dreimal Cola in Deutschland und drei akustische und visuelle Konzepte der Markenführung, die jeweils eine Interpretation dessen lieferten, was modern sei und die ihr Produkt als das passende Getränk für zupackende, aktive Menschen, kurz für „Leute von heute" präsentierten. Damit machten sie zugleich ein Angebot zur Identifikation.

Und was bewarb man im Osten? Nichts! Naturgemäß war die schwarze Limo des Klassenfeindes von nebenan und erst recht die der Imperialisten aus Übersee verpönt, wenn auch vom Volk heiß begehrt. Nach dem Willen der sozialistischen Einheitspartei griffen die Werktätigen daher seit 1958 zur Eigenproduktion aus Miltitz: Vita Cola. Die herbe Ost-Cola erlangte mangels Alternativen große Beliebtheit, obwohl sie ein wenig nach Medizin schmeckte. Für sie brauchte es keine Reklame. Denn es war immer zu wenig davon im Angebot. Das war Werbung genug.

Schaukampf II

Weil die allfällige Aufforderung zum Pausemachen schnell zum geflügelten Wort geworden war, kritisierte die deutsche Industrie den Slogan bald als Unterwanderung der Arbeitsmoral. Prompt ruderte die Werbung in den 60er Jahren zurück. Mit „Trink Coca-Cola ... das erfrischt richtig", griff man auf die Parole der Olympischen Spiele in Berlin (1936) zurück. Damals war allenthalben zu lesen und zu hören: „Trink Coca-Cola – das erfrischt". Der Sport hatte Coca-Cola damals traumhafte Umsätze beschert. 30 Jahre später waren auch knappere Varianten des Slogans in Umlauf.

Kombiniert mit deutschem Frohsinn wirkten sie allerdings leicht betulich.

Coca-Cola

Sprecher: Und so trat der Gesangsverein

Beim Wirt „Zum goldnen Löwen" ein

Quartett [Gesang]: Herr Wirt, Herr Wirt, die Kehle ist verdorrt

Wir wollen Coca-Cola ha'm und zwar und zwar sofort!

[Jingle im Chor gesungen] Coca-Cola!

Ob Du singst im Männerchore

Ob mit Da'm im Chor gemischt

Ob am Brunnen vor dem Tore

Coca-Cola, das erfrischt!

[Jingle, im Chor gesungen] Coca-Cola!

Coca-Cola, TV-Spot frühe 60er Jahre, Quelle: www.youtube.com.

Erst mit dem neuen Slogan der späten 60er Jahre, „Auch eine? ... Coca-Cola!", war der ultimative Slogan für die entstehende Freizeit- und Konsumgesellschaft gefunden. Der überwältigende Erfolg der amerikanischen Coke war zwar nicht ausschließlich der Werbung geschuldet – das Getränk der Sieger war als Symbol des amerikanischen Lebensstils einfach sexy, nicht nur unter Jugendlichen. Aber ganz ohne Effekt blieb die Werbung doch nicht.

Das galt in besonderer Weise für Afri Cola. Nach dem Ausflug der Werber in die Ästhetik des Konstruktivismus wurde sie eher konventionell präsentiert: 1966 trällerte eine adrette Sängerin vor der Kulisse überlebensgroßer gemalter Afri Cola-Flaschen „Afri Cola macht dich munter, Afri Cola macht dich frisch!" Der Absatz fiel bedrohlich. Zwei Jahre später aber kam der Werbespot, der Geschichte schrieb. Charles Wilp, der Düsseldorfer Fotograf und Quereinsteiger in Sachen Werbung, fand nicht nur betörende Bilder, sondern komponierte auch einen ganz neuen, atonalen Sound für das Getränk. „sexy-mini-super-flower-po-op-cola - alles ist in Afri Cola", sprachen weibliche Stimmen, die ein psychedelisches Grundrauschen als Klangfläche begleitete. Das passte kongenial zur vereisten Glasscheibe, hinter der ein Panoptikum des modernen Zeitgeistes zu betrachten war. Make-up, Kleidung und Accessoires - von der Friedenstaube bis zur Barbie-Puppe –, Muster und Farben, der ganze Look: die Ästhetik war stimmig. Die Afri Cola-Spots wurden Kult. Da strömte Afri Cola in langen dünnen Schläuchen ähnlich einer Bluttransfusion. Oder das Getränk versetzte stark geschminkte Bräute des Herrn in Ekstase. Für manche Zeitgenossen waren die Grenzen des guten Geschmacks und der Toleranz erreicht: Der Bayerische Rundfunk weigerte sich gar, die Spots zu senden. Sie standen unter Blasphemie-Verdikt.

Zu den Bildern aus dem Reich der Sinne ertönten starke Statements: „Die Erde ist ein Paradies mit Afri Cola." „Lustvolle Gefilde Afri-Cola-hungriger Gefühle." „Die Frau wird Frau und frei." „Girlpower, Frauen-Lib und Männerfreiheit." „Heirat oder nicht Heirat, das ist nicht mehr die Frage."

„Menschen, die bewusst ihre Zeit genießen. Bei vollem Verstand. Wach und mobil mit Afri Cola." Wilp zeigte den kompletten Gegenentwurf zum Koordinatensystem der 50er Jahre als Konzentrat: es ging um Selbstbestimmung, Lustgewinn, Eigenverantwortung, Stimulanz und neue Spiritualität. Das war der Rausch ohne Droge! Der Umsatz der Brause mit dem gerade noch legalen Koffeinanteil stieg um 34 %!

Seitdem lag die Messlatte für kreative, avantgardistische, subtile und leicht absurde Werbespots deutlich höher. Die „Mystifikation der Merkwelten", also die Überhöhung der Produkte und Marken zu einem eigenen Kosmos, gehörte fortan nicht nur für Wilp zum Geschäft. Auch in der Summe gilt: die akustische Markenwerbung veränderte sich deutlich.

Alt und Neu

Der Kampf um den Kunden ließ die Werbung in den 60er Jahren professioneller werden. Comic-

Figuren und komplette Animationsfilme hatten bald Seltenheitswert. Die Jahre der Werbelyrik – eine Reminiszenz an althergebrachte Bürgerlichkeit und Bildung – waren gezählt. Der Trend ging zur Prosa und die Texte wurden kurz und knackig. Die Markenstimme, die anfangs die Werbespots absolut dominiert hatte, trat in die zweite Reihe. Neben „Realbildern" gewannen Musik, Klang, Gesang und Geräusch an Bedeutung. Und sie nahmen immer mehr Raum ein – bei deutlich kürzeren Spots. Auf diese Weise wurde die Akustik der Marken vielschichtiger und subtiler.

Zugleich konzipierte man die Werbespots in der Wohlstandsgesellschaft konsequenter als zuvor für bestimmte Zielgruppen. Allein die Unterscheidung nach Geschlechtsrollen stand bereits in den 50er Jahren in voller Blüte. Aber nun nahmen die Kreativen unterschiedliche Altersgruppen, soziale Schichten und Milieus, Statusansprüche und Selbstbilder potentieller Kunden in den Blick. Dieser Umstand sorgte weiterhin für „Artenvielfalt" in der Werbung. Je nach Adressatenkreis, Produkt und Markenimage griff man zu unterschiedlichen Konzepten der visuellen und akustischen Markenführung. Aus diesem Grund waren die Werbeblöcke im Kino, Hörfunk und Fernsehen objektiv von einer Vielzahl „unzeitgemäßer Zeitgenossen" bevölkert.

Darüber hinaus nahmen alle diese Zielgruppen Werbung gleichzeitig in spezifischer Weise wahr: als ulkig, witzig, sympathisch, subtil oder ironisch; als platt, doof, hoffnungslos verstaubt oder skandalös; als Signatur der eigenen Jugend oder als Spiegel der Zeit; als Zeichen des Erstrebenswerten, aber Unerreichbaren oder umgekehrt als Zeichen einer akzeptierten Distanz; als bisher Ungesehenes und Ungehörtes – kurz als etwas ganz Altes oder eben als das Neue.

Klang-Collage

Legion sind die Werbespots für Waschmaschinen („Bauknecht weiß, was Frauen wünschen" oder

„AEG, aus Erfahrung gut!"), Automobile, Fernseher, Waschpulver („Persil bleibt Persil", „hier spricht Dein Gewissen" – Lenor"), Zahnpasta („blend-a-med: „Damit Sie auch morgen noch kraftvoll zubeißen können!"), Alkoholika, Zigaretten, Lebensmittel, Versandhäuser („Ottoversand, Hamburg!") und Restaurantketten („Heute bleibt die Küche kalt, wir gehen in den Wienerwald").

Und wie tönte der Sound der Altvorderen? Bevor die Maniküre „Tilly" die Nägel ihrer Kundinnen mit dem Geschirrspülmittel Palmolive pflegte und damit den täglichen Abwasch als reine Kosmetikveranstaltung für Hausfrauenhände pries, empfahl sich Pril 1956 als Wundermittel gegen Schmutz und Fett. „Das Wasser wird entspannt durch Pril" lautete der schlussendliche Slogan eines belehrenden Werbegedichts, das fürs Publikum manchen Kalauer bereithielt.

Pril

Wasser das nicht löst und weicht

Wird zum Spülverderber leicht!

Nur eine Prise Pril

Gleich wird das Wasser nasser

Nur eine Prise Pril

ergibt entspanntes Wasser

[...]

DAS WASSER WIRD ENTSPANNT durch Pril!

Hörfunkwerbung 1956. Quelle: HWFA.

„Ente gut, alles gut", der zweiminütige TV-Spot demonstrierte die fettlösende Kraft gar am lebenden Objekt. Vor laufender Kamera wird eine Versuchs-Ente in ein Pril-Bad gesetzt, gerät in Panik, sinkt und stakst schließlich irritiert mit den Beinen auf dem Beckengrund herum. Pausenlos plappernd beweist die Ente mit der menschlichen Stimme die wunderbare Wirkung des fettlösenden Spülmittels. Der Tierschutz war damals noch kein öffentliches Anliegen.

Derweil brachten in einer Werbung für Brandwein trinkfeste Vertreter der Elterngeneration einen Toast auf das Erreichte und Bestehende aus.

„Wenn einem so viel Gutes widerfährt – das [Pause] ist schon einen Asbach Uralt wert", sprach der alte Herr und entrollte ein Pergament mit Frakturschrift. Der von Hanns W. Brose stammende Slogan lief jahrzehntelang. Auch anderswo vermittelten sonore Stimmen Vertrauen in das Bewahrenswerte und Althergebrachte. Sie standen für beruhigende Sicherheit: „Schutz und Sicherheit im Zeichen der Burg NÜRNBERGER VERSICHERUNG" rief die Vertrauen erweckende Männerstimme noch 1967 im Fernsehen. Triumphale Fanfarenklänge zur Silhouette Nürnbergs wurden mit den Jahren zum Markensignal für die perfekte Daseinsvorsorge in wilden Zeiten. Auf die rebellische Jugend wirkten die Protagonisten wie von gestern. „Asbach Uralt" wähnte die Jugend bald nicht nur die Markenstimmen solcher Spots, sondern alle, die in ihren Augen den Rubikon überschritten hatten. „Traue keinem über 30", empfahlen die jungen Wilden. Es war weder das erste noch das letzte Mal, dass ein Slogan oder Jingle Eingang in die deutsche Sprache gefunden hat.

Eine verbindende Klammer der akustischen Markenführung bildete in der Frühzeit der deutschen Werbung der Humor, in seiner harmloseren Variante. Im Rundfunk hatte man schon 1951 mit hübschen Lügengeschichten des Baron Münchhausen begonnen, welche dieser in fröhlicher Trinkrunde zum Besten gab. 1961 wurde eine Serie von TV-Spots produziert. Nach dem Auftakt-Jingle aus „Gaudeamus igitur" (instrumental) und der Ankündigung einer Sprecherin „Wir berichten wahre Geschichten! Folge...", verlas ein Sprecher mit gespieltem Understatement Meldungen aus der Sparte „Kurioses und Vermischtes". Am Ende erklang der Schluss des Studenten-Trinkliedes, aber nun schmetterte ein Männerchor ausgelassen und hörbar angeheitert den Slogan Achim Aschkes von 1951: „Darauf einen Dujardin!"

Und das cholerische HB-Männchen Bruno, das seinen ersten Auftritt 1958 hatte, von chronischer Hypertonie geplagt schien und so schnell aus der Fassung zu bringen war, zwinkerte seinen stets überarbeiteten und überforderten männlichen Geschlechtsgenossen des Wirtschaftswunders zu. Dem leidgeprüften kleinen Bruder von Heinz Rühmann und Heinz Erhard riet die Stimme aus dem Off zu mehr Gelassenheit, auch wenn die nur eine Zigarettenlänge dauerte. Figur, charakteristisches Geräusch und Spruch „Wer wird denn gleich in die Luft gehen?" blieben Generationen von Zuschauern im Gedächtnis. Unbefangen lachte man über Brunos Missgeschick.

Schon anders verhielt es sich mit dem Pfeifentabak Stanwell (seit 1967), für den Loriot die Knollenmännchen zeichnete und auch die Texte schrieb. Sie balancierten stets an der Grenze zur Ironie. Die ultrakurzen Spots in Dialogform liefen stets, wenn auch zuweilen überraschend auf den Slogan hinaus, der wie aus der Pistole geschossen kam: „Drei Dinge braucht der Mann: Feuer, Pfeife, Stanwell". Very British! Nur selten überschritt die Werbung dagegen die Grenze zum Absurden, wie in Charles Wilps Kampagne für den Marktführer „Puschkin",

den Wodka mit den beiden Protagonisten, Frank S.
Thorn (alias Hans Meyer) und dem Unbekannten
im Bärenkostüm.

Wodka „Puschkin"

Er: Woran denkst du?

Bär: Puschkin

Er: Guter Gedanke!

Bär: Puschkin, uahhh

Er: Alter Genießer

Bär: Schenk voll!

Er: [schenkt beiden ein]

[Cut]

Er [Totale]: Purer, harter Puschkin [Er mit Flasche]
Puschkin, für harte Männer!

TV-Spot, 60er Jahre. Quelle: youtube.

Manche Spots markierten objektiv und im Emp-
finden der Zeitgenossen etwas Neues und transpor-
tierten Aufbruchsstimmung. Das pure Gegenstück
zur Anti-Helden-Werbung des HB-Männchens und
eine Ikone in Sachen Weltoffenheit waren die TV-

Spots für Peter Stuyvesant Zigaretten, die von der Agentur Fischerkoesen produziert und ab 1959 gezeigt wurden. Zum dynamischen *Sportsmaster March* von Robert Busby (1951) evozierte die Stimme von Heinz Drache – wegen seiner Vorliebe für Maßanzüge in der Branche auch „Don Flanello" genannt -, das Flair europäischer Großstädte durch die Aufzählung von Sehenswürdigkeiten in Brüssel, Hamburg, London, Rom, Berlin, Genf, Paris und München. Der Slogan von Fritz Bühler, „Peter Stuyvesant, der Duft der großen weiten Welt", war die Einladung an die Westdeutschen, zu reisen und dabei zum Weltbürger zu werden: „Vorurteilslos, frei, optimistisch und offen für den Fortschritt".

Zu den kreativsten Sparten gehörte bald die akustische Markenwerbung in der Automobilindustrie. Nach einem bunten Animationsfilm für die *Isetta* (1959), den klassenübergreifenden Kleinwagen, das wahre Raumwunder und die Erfüllung aller kleinen Automobilträume, bewarb BMW ab 1966 seine 02er Serie nahezu in Schwarzweiß-Ästhetik. An diesem Spot war alles „cool". Die Markenstimme, der Jazz und natürlich der Wagen. Darüber hinaus hatte man den bis heute gültigen Slogan „Aus Freude am Fahren" für das gesamte Unternehmen gefunden. Nur das charakteristische Audio-Logo, das hallige Geräusch des Kolben, kam später. Zu Dave Brubacks Jazz-Stück, *Take five,* kurvt ein dunkler BMW durch die graue Landschaft. Eine im snobistischen Understatement geübte männliche Stimme bekennt:

Es hat damit angefangen, dass wir uns erlaubt haben, ein <u>etwas besseres</u> Automobil zu bauen. Das hat uns gezwungen, auch einen <u>etwas besseren</u> Kundendienst zu haben. Und die <u>etwas besseren</u> Monteure und Meister. [Nahaufnahme des vorbeifahrenden Wagens] Unser Problem ist jetzt, dass immer mehr Leute, dieses <u>etwas bessere</u> Automobil [Pause] KAUFEN wollen!

[Das Auto ist aus dem Bild verschwunden]

[Das BMW-Signet erscheint auf asphaltgrauem Grund]

Aus Freude am Fahren

B M W [rhythmisiert, im Takt der Musik]

TV-Spot für BMW 1602, 1802, 2002 (1966-1975).
Quelle: youtube.

Der Körperkult jenseits der psychedelischen Erotik
der Afri Cola-Werbung erreichte die Fernsehnation
1973. Eine nackte Schönheit machte uns mit der
„wilden Frische von Limonen" bekannt. Zur syn-
thetisch anmutenden Easy Listening-Background-
Music von Klaus Doldinger tauchte in deutschen
Wohnzimmern eine Venus aus der Brandung des
Atlantik auf und zeigte der Familie im Vorabend-
programm, dass Seife nicht immer rechteckig und
einfarbig zu sein hatte. Kongenial zur perfekten
Welle war die Fa-Seife geschwungen und grün
marmoriert. „Erregend wie ein Sprung in die pri-
ckelnde Kühle des Ozeans, so ist die frische Fa!",
verhieß der Spot und ließ für die Baby Boomer-
Generation fortan den Familienbadetag in einem
anderen Licht erscheinen. Bis der männliche Körper als Werbeträger für Parfums, Deos und After
Shaves entdeckt war, sollten noch Jahre vergehen.
Erst in den späten 80er Jahren eroberten Athleten

in Leni Riefenstahl-Ästhetik die Werbeblöcke, dann allerdings im Sturm.

Andererseits waren da die üblichen Verdächtigen. Bereits in den Kindertagen der westdeutschen Werbung verlässlich zur Stelle und seitdem nicht mehr wegzudenken sind die Experten, die mit dem heiligen Ernst ihrer Profession und später mit einem Augenzwinkern bedürftige Verbraucher „aufklären" und informieren. Sie wurden des Deutschen liebste Werbefiguren und Markenstimmen. Am Grundmuster änderte sich wenig, an der Ästhetik alles. Allzu gern vertrauen die Konsumenten Halbgöttern in Weiß, Männern und Frauen vom Fach, „der Forschung", dem vermeintlichen Experiment oder einer Art Super-TÜV. Dr. Best, Klementine (Ariel), Meister Propper, Herr Kaiser (Hamburg-Mannheimer) und die Stimme der Wissenschaft lassen grüßen.

Kultstatus erlangte Anfang der 80er Jahre Duracell mit seinen mechanischen Hasen. Eine Forscherstimme verkündet: „Wieder beweist Duracell im

Dauertest: Duracell hält entscheidend länger als herkömmliche Zink-Alkali-Batterien", während „Drumming Bunny" schier endlos die Langlebigkeit der Batterien demonstrierte. Da hatten seine Artgenossen mit den Fremdbatterien schon längst schlapp gemacht. Das rosa Plüschtier trommelte sich in die Herzen der Deutschen. Die Älteren hatten bei diesem Spot vielleicht ein Déjà-Vu. Schon 1963 war in den Illustrierten und im Fernsehen zum ersten Mal die spektakuläre Kampagne für den VW Käfer gelaufen: „Er läuft und läuft und läuft und läuft und läuft und läuft und läuft und ...".

Exkurs: Siehst du ein Ding mit Streifen ...

In der Belehrung und „Aufklärung" trafen sich West und Ost. Wenn auch sonst alles anders war in der DDR. Bekanntermaßen fehlte es im anderen Deutschland nicht nur an der Freiheit, sondern auch am Markt. Bedürfnisse, die nicht zu befriedigen waren, sollten in der Planwirtschaft mit ihren

Unwägbarkeiten und Engpässen der Versorgung gar nicht erst geweckt werden. Und „Bückware", die es selten und vorzugsweise nur unter dem Ladentisch gab, hatte Werbung nicht nötig.

Zuallererst ging es um nüchterne Bedarfsdeckung ohne falsche Versprechungen. Eine Aufgabe gab es für die sozialistische Werbung aber doch: die Lenkung des Verbrauchs. Werbung sollte die Überkapazitäten der heimischen Produktion kurzfristig unter die Leute bringen. 1958 war es der Eierberg mit „Hühnerfleiß zum Sommerpreis – nimm eins mehr". Auch wurden immer wieder die Vorzüge von Fisch statt Fleisch gepriesen. Doch der Erfolg angestaubter Reime und roter Volkspädagogik hielt sich in Grenzen: So leicht waren die Verbraucher nicht von ihren Vorlieben abzubringen.

Viel Zeit blieb ohnehin nicht, um DDR-Bürger für die Überschüsse aus volkseigener Produktion zu erwärmen. Die ersten Spots wurden 1959 im DDR-Fernsehen ausgestrahlt. Der letzte der etwa 5 500

Werbefilme lief Anfang 1976. Anfangs gab es täglich zehn Minuten „1000 Tele-Tipps", die das Fernsehvolk vor die Schirme lockte. Hier war eine kuriose Mischung zu betrachten: Spots für die KONSUM-Geschäfte, für die Baby-Creme Elasan und für den Kundendienst des VEB Kühlanlagenbau.

Fast ohne Budget, technisch auf einfachste Mittel beschränkt und ästhetisch stehengeblieben in der Vorkriegszeit konzentrierten sich die Kreativen der staatlichen Werbeagentur Dewag auf die Animationen putziger Maskottchen – so warb der kleine Minol-Pirol für den Benzin-Monopolisten VEB Minol – und auf das Schmieden von Zweizeilern. Kostprobe gefällig? „Bewunderung ein Schuh erregt, der ständig mit Eg-Gü gepflegt" oder „Siehst Du ein Ding mit Streifen, denk an Patina-Seifen". Während im Westen die Werbung in den 60er Jahren professioneller wurde, nicht zuletzt weil der Wettlauf um Marktanteile entbrannt war, wollten in der DDR die 50er Jahre mit den selbstgehäkelten Slogans nicht enden.

Die große Ausnahme bildete die Automobilwerbung. Sie präsentierte Wartburg und Trabant mindestens so dynamisch wie der Klassenfeind seine Flaggschiffe der Motorisierung. Das schloss unfreiwillige Komik nicht aus: Beim Verkehrshütchen-Slalom legten sich der Trabant 601 bei schnittiger Musik mit vier Passagieren in Rennfahrermontur gefährlich in die Kurve. Auch fragte sich der Zuschauer irritiert, wer wohl auf die Idee verfallen war, dass der Kofferraum des neuen „Wartburg 1000" Platz für 57 Fußbälle biete. Der denkwürdige Unterschied: Im Osten warben selbstbewusste junge Frauen als Fahrerinnen der Wagen und nicht als Petersilie auf der Kühlerhaube.

Dabei ist die Konzentration der Werbung auf Autos kurios. Wusste doch jeder im Lande, dass die Lage der Automobilindustrie der DDR in den 60er Jahren trostlos war: Stand der Technik und Qualität der Verarbeitung ließen zu wünschen. Und die Produktion konnte den Bedarf nicht annähernd befriedigen. Für schlechte und überteuerte Autos gab es jahrelange Wartzeiten. So verstärkte die Werbung eher die Frustration der Zeitgenossen.

Ansonsten kamen die heimlichen Freunde der Produkt- und Markenwerbung im Osten selten auf ihre Kosten. Oder wie der westdeutsche Marxist Wolfgang Fritz Haug es in seiner „Kritik der Warenästhetik" pointierte: „Die Verpackung schrumpfte, die zweite Haut entwickelte sich zurück." Bis Erich Honecker 1975 die Werbung in der DDR ganz verbieten ließ. Das war nur konsequent. Denn niemand erwartete etwas Neues in den Verkaufsregalen bei HO und KONSUM. Trotzdem gab es eingeführte Marken. Da waren Rotkäppchen Sekt, Nordhäuser Doppelkorn, Fit-Spülmittel – das Pendant zu Pril und der Gattungsbegriff für den Schaum im ostdeutschen Spülbecken; Bino – das DDR-Maggi; Bautz'ner Senf – der schärfere Osten; Florena – dieVolks-Nivea oder Spee – der ostdeutsche Weißmacher. Als Erinnerung an die eigene Kindheit haben sich die Produkte ins Gedächtnis der Ostdeutschen eingeschrieben. Auch blieben etliche der „1000 Tele-Tipps" unvergessen. Viele gelernte DDR-Bürger können die Slogans ihrer Jugend noch auswendig.

Einige Marken schafften es sogar in den Export und eigentlich vor allem dorthin: Stolz wie Oskar, sang man in einem TV-Spot für Radeberger Pils ein Loblied auf die DDR, die ein Qualitätsprodukt herstellte, das so gut war, dass es sogar auf den Linienflügen der Air France angeboten wurde, während die heimische Kundschaft oft vergeblich danach fragte. Das war Seiltanz mit dialektischer Schulung!

Standort und Standpunkt

Technisch und ästhetisch befinden wir uns – von heute aus betrachtet – in grauer Vorzeit, lange bevor minimalistische Sound Logos (wie das der Telekom) kreiert wurden, lange bevor Akustik-Designer die Produkte selbst – von Autormotoren bis zu Keksen und Staubsaugern - zum Klingen brachten und lange bevor das Internet, die Telefonwarteschleife, der Anrufbeantworter oder der Mobilfunk als potentielle Werbemedien erfunden waren.

Der Einsatz von Bildern, Stimmen, Tönen und Geräuschen sollte helfen, neue Marken aufzubauen, und er inszenierte die Rückkehr bereits bekannter Marken aus der Vorkriegszeit. Doch bald entbrannte der Kampf um den Kunden und seine dauerhafte Bindung an Produkte und Unternehmen. Das Mantra der Werbung ging weit über die bloße Markenkenntnis und die Präferenz des Kunden hinaus. Es zielte auf Loyalität und Identifikation.

Der anfangs stark verbreitete Rückgriff auf die Ästhetik des „Werbe-Durchspruchs" im Radio und des Reklamefilms im Kintopp der 20er Jahre war aber eventuell nicht der Einfallslosigkeit der Kreativen geschuldet: Er folgte dem Impuls, an deutsche Werbetraditionen anzuknüpfen, die sich vor dem Verbot kommerzieller Hörfunkwerbung (1935) herausgebildet hatten. Darüber hinaus antwortete die Werbung der frühen Jahre in kongenialer Weise auf die Sehnsucht der Zeitgenossen nach dem „guten Leben", wie man es bis in die Kriegszeit hinein geführt hatte.

Kulturgeschichtlich betrachtet spiegeln die populärsten Werbespots die Konsumwellen der Nation und zugleich ein Stück Mentalitätsgeschichte wider: Erst kam die Rückkehr der guten alten Erzeugnisse und Marken in Friedensqualität, gefolgt von zahllosen neuen Produkten, die Hygiene, Sauberkeit und ein besseres Leben versprachen; dann stand die „Erstausstattung" westdeutscher Haushalte mit langlebigen Konsumgütern an. Als Ende der 50er Jahre das Gröbste überstanden war, riskierte man einen neugierigen Blick auf die große weite Welt. Und bald wurde der Luxus in seinen beiden Spielarten, dem Überfluss der ersten Fresswelle und der Exklusivität der Gourmetwelle und des Designs, zum treuen Begleiter. Bis Ende der 60er Jahre der Hedonismus und eine neue Körperlichkeit salonfähig wurden, welche die Seismographen der Warenwelt der jugendlichen Subkultur abgelauscht hatten. „1968" wurde zum schier unerschöpflichen Ideengeber für die Kreativen der Branche und führte zur dramatischen Erweiterung des Marktes in Richtung jugendlicher Käufer. Mit der Erotisierung des (vornehmlich weiblichen) Körpers betrat man das Reich der Sinne und das Terrain der Provokation. Seitdem geben Werbespots deutliche Hinweise darauf, was die Nation erregt und skandalisiert.

Noch immer war die Werbung frei von jeglichem Krisenbewusstsein: Sparsamkeit, Nachhaltigkeit oder der Umweltschutz standen trotz der Ölkrise von 1973 nicht auf ihrer Agenda, der Tierschutz auch nicht. Und auch die alltägliche Political Correctness von heute war noch weitgehend unbekannt: Ausgiebig frönte man in allen Schichten der Gesellschaft und in allen Lebenslagen dem Alkohol und dem Nikotin. Von heute aus erscheinen die ersten drei Jahrzehnte als das goldene Zeitalter der Unbekümmertheit.

Literatur zum Klang der Marken

Roland Barthes: Der Werbespot, in: Ders. (Hg.): Das semiologische Abenteuer, Frankfurt a. M. 1988, S. 180-186; Evelyn Baszczyk: Werbung. Frau. Erotik, Marburg 2003; Kai Bronner/Rainer Hirt (Hrsg.): Audio-Branding. Entwicklung, Anwendung, Wirkung akustischer Identitäten in Werbung, Medien und Gesellschaft, München 2007; Heinz-Dietrich Fischer/Arne Westermann: Knappe Geschichte der Hörfunk- und Fernsehwerbung in Deutschland. Leitfaden durch medienpolitische Stationen eines Kommunikationsphänomens, Hagen 2001; Rainer Gries u. a.: „Ins Gehirn der Masse kriechen!". Werbung und Mentalitätsgeschichte, Darmstadt 1995; ders.: Coca-Cola. Globale Werbeikone und Symbol der Amerikanisierung, in: Gerhard Paul (Hg.): Das Jahrhundert der Bilder, Bd. 2: 1949 bis heute, Göttingen 2010, S. 162-169; Margot Hamm u. a. (Hg.): Der Ton. Das Bild. Die Bayern und ihr Rundfunk 1924-1949-1999, München 1999; Wolfgang Fritz Haug: Kritik der Warenästhetik, Frankfurt a. M. 1972; Katja Iken: DDR-Werbung: König Kunde kauft im Konsum, in: http://einestages.spiegel.de/static/topicalbumbackgroun d/5331.html, besucht am 25.03.2012; Gerhard Paul:

Das HB-Männchen. *D i e* Werbefigur der Wirtschafts-
wundergesellschaft, in: Ders. (Hg.): Das Jahrhundert der
Bilder, S. 218-225; R. Murray Schafer: Klang und
Krach. Eine Kulturgeschichte des Hörens, Frankfurt
a. M. 1988; Siegfried J. Schmidt: Werbung, in: Jürgen
Wilke (Hg.): Mediengeschichte der Bundesrepublik
Deutschland, Bonn 1999, S. 518-536; Arno Zschiesche /
Oliver Errichiello: Erfolgsgeheimnis Ost. Survival-
Strategien der besten Marken – und was Manager dar-
aus lernen können, Wiesbaden 2009.

Klack, klack, klack ...

Der erotische Klang der Stöckelschuhe

Der ultimative Dialog zum Thema Stöckelschuhe ist noch immer dem Klassiker der Screwball- und Cross Dressing-Komödien zu entnehmen: „Manche mögen's heiß" (1959) von Billy Wilder. Geraldine (Tony Curtis): „Wie schaffen sie es nur darin zu laufen?" Josephine/Daphne (Jack Lemmon): Ich glaube, ihr Gewicht ist einfach anders verteilt." Als Nagelprobe für vermeintlich „echte" Weiblichkeit fungieren die Pumps mit den absturzträchtigen Absätzen. Die beiden als Frauen verkleideten Männer scheitern beinahe an ihnen. Mit dem taxierenden Blick des Schürzenjägers zielt die Kamera auf ihre Beine, wie sie sich unbeholfen auf Stilettos den Bahnsteig entlang kämpfen. Mit Schuhen wie diesen hat Sugar (Marilyn Monroe) natürlich keine Probleme!

Schon der Stummfilm hatte seine Liebe für hochhackige Schuhe entdeckt. Aber erst der elektrisierende Klang der High Heels im Tonfilm machte das Bild vollkommen. In den Tanzfilmen der 30er Jahre klackten Fred Astaire und Ginger Rogers in atemberaubender Geschwindigkeit über das Parkett. Dabei hätte der weibliche Part eigentlich eine Erschwerniszulage erhalten müssen, denn Ginger Rogers tat alles, was Fred Astaire tat – aber rückwärts und auf hohen Absätzen! Verführerisch, kapriziös, intelligent und machtbewusst stöckelte die Femme Fatale im amerikanischen *Film Noir* der 40er Jahre durch Kulissen, in denen es niemals richtig hell wurde. Hier bot man alle Accessoires weiblicher Erotik und Manipulation auf: zu Sonnenbrille und Lippenstift durften die High Heels nicht fehlen. Akustisch ganz auf der Höhe der Zeit tönten im Frankreich der 50er Jahre die Filme von Jaques Tati. In *Mein Onkel* (1958) definierten Auto, Telefon, Schreibmaschine und Stilettos unüberhörbar den Klangraum der Moderne.

Auf Billy Wilder folgten weitere Cross Dressing-Komödien: *La Cage aux Folles* (1978), *Victor und Victoria* (1982) und *Tootsy* (1982) – allesamt achtbare Nachfolger in der Kunst der Irritation visueller und akustischer Schlüsselreize.

Doch zeitweise wurde es einsam um die Stöckelschuhe. Als die Stunde der Plateausohlen schlug, blieb vor allem der erotische Untergrund den Killer-Heels und dramatischen Eye-Catchern verlässlich treu. Im französischen Film *Maitresse* (1976), einer Sado-Maso-Geschichte, spielen sie eine tragende Rolle. Das Plakat zum Film schuf der britische Pop-Art Künstler Allen Jones, der sich um Fuß und Bein der Frauen so verdient gemacht hat wie George Stubbs einst um das Pferd.

Später gab der Regisseur Pedro Almodovar seiner variantenreichen Inszenierung von Weiblichkeit sogar den Filmtitel *High Heels* (1991). Im selben Jahr hinterließen die hochhackigen Pumps auch im deutschen Fernsehen ihre Spuren. Das Markenzeichen der ZDF-Reihe *Montagskino* waren von Anfang an rote High Heels. Körperlos, dafür aber umso geräuschvoller, bewegten sie sich in einem virtuellen Kinofoyer über den Marmorboden in Richtung Kasse. Bis das Klacken der Schuhe später leider verschwand.

Seit den Anfängen des Films wurden High Heels und ihr Klang zur Obsession. Die gefährlichen Schuhe standen für sexuelle Aktivität und Erotik, Dominanz und Unterwerfung, Charakter und Temperament. Denn in der Kulturgeschichte des Begehrens hatten Fuß und Bein längst einen der ersten Plätze eingenommen.

Eine Frage des Absatzes

Bereits im Mittelalter bewegte man sich geräuschvoll über gepflasterte Straßen. Als Überschuhe verbreitet waren die hölzernen Trippen. Sie schützten den Schuh vor Schmutz. Das Geräusch der Schritte hat im Wort „Tripptrapp" überlebt. Die ersten Plateau-Schuhe, die Chopine, die nicht allein aus praktischen Gründen, sondern der Schönheit und Verführungskunst wegen von Frauen getragen wurden, sah und hörte man im 16. Jahrhundert in Venedig. Die schwindelerregende Höhe der Absätze von 20 cm und mehr und ihre reiche Verzierung machten sie zu Statussymbolen, an denen jedermann Reichtum und soziale Stellung der Trägerin ablesen konnte. Zur Trendsetterin für hohe Hacken wurde indes die kleinwüchsige französische Königin Katharina de Medici, die größer erscheinen wollte. Die Mode verbreitete sich schnell bei Hofe. Und fortan bewegte sich die aristokratische Weiblichkeit Europas auf Absätzen von mehr als 12 cm Höhe.

Das 18. Jahrhundert entdeckte den Fuß und erotisierte ihn nach allen Regeln der Verpackungskunst. Der Schuh – sowohl für Frauen wie für Männer - wurde zum raffinierten und aufwändig gearbeiteten Accessoire des Luxus und der Moden. Alles an ihm war schwungvoll: die Silhouette, die Spitze, aber vor allem der kühn gebogene, hohe Louis Quinze-Absatz, besonders wenn er nicht unter der Ferse saß, sondern unter den Spann verlagert wurde. Und so war das Klappern der Chopine und das

Klacken der Absätze auf der Bühne der Eitelkeiten
bereits in vergangenen Zeiten zu vernehmen.
Revolutionsbedingt legten die Absätze nach 1789
eine Pause ein. Ängstlich bemüht, jeden Anschein
von aristokratischer Dekadenz vergangener Tage
zu vermeiden, schritt man fortan auf flachen, eher
leisen Sohlen durch die Jahrzehnte zwischen Em-
pire, Biedermeier und Gründerzeit. Erst in den
1880er Jahren kehrte der hohe Absatz wieder –
nun als rein weibliche Klangquelle in Gestalt wa-
denhoher Schnür- oder Knöpfstiefel. Mehr denn je
oszillierte er zwischen Mode und Halbwelt. Der
Soziologe Thorstein Veblen skandalisierte in seiner *Theorie der feinen Leute* (1899) hochhackige
Damenschuhe als Ausdruck demonstrativen Mü-
ßiggangs, weiblicher Hilflosigkeit und Abhängig-
keit vom Mann. Der Kulturwissenschaftler Eduard
Fuchs erklärte den „grotesk hohen Absatz" zum
Symbol unverhohlener Sexualität. In seiner *Illustrierten Sittengeschichte* (1910) deutete er die
weibliche Körperhaltung in hohen Schuhen als ju-

gendlich, unternehmend, strotzend und provozierend.

Bordell und Boulevard hallten wider von den Schritten der Frauen, die vernehmlich nach Aufmerksamkeit verlangten. Mit den Can Can-Tänzerinnen im Paris der Belle Epoque (vor 1900) fing es auf der Bühne an. Das Stakkato von 20 oder mehr hochhackigen Schnürstiefeln in Kombination mit üppig gerüschten, freizügigen Kostümen zog das männliche Publikum in den Bann. Gut 20 Jahre später ließen die legendären „Leg-Shows" weibliche Körper, lange Beine und grazile Füße in kühler Erotik und quasimilitärischer Präzision auf hohen Absätzen exerzieren. Der Soziologe Siegried Kracauer bezeichnete die Revuen als „unauflösliche Mädchenkomplexe, deren Bewegungen mathematische Demonstrationen sind". Der charmante Drill der „Mädchenreihe" etablierte eine faszinierende Ordnung jenseits des bürgerlichen Lebens. Die perfekte Synchronisation der Beine war auch hörbar als exaktes akustisches Zusammenspiel. Die New Yorker Ziegfeld Follies und die englischen Tiller Girls feierten wahre Triumphe.

Lustobjekte

Doch weibliche Ehrbarkeit wurde noch immer in Absatzhöhen gemessen. Einige Zentimeter höher und die Schuhe gehörten zur Grundausstattung des halbseidenen Milieus. Höhen von 10 cm und mehr waren schon damals nichts Außergewöhnliches und auch sehr schmale Absätze waren bereits um 1900 begehrt. 14 cm und mehr, und die Super High Heels und vor allem die Stiefel verwandelten sich in Fetischobjekte. Dass es unmöglich war, sich auf ihnen fortzubewegen, machte für manche Zeitgenossen gerade ihre Attraktion aus. Der hochhackige Schuh wurde zum unentbehrlichen Utensil im Rollenspiel um sexuelle Dominanz, Erniedrigung und Bestrafung.

Der erste, der die Mitwelt über seine erotische Vorliebe für Damenschuhe nicht im Unklaren ließ, war Nicolas-Edme Rétif de la Bretonne mit seinem Roman *Le Pied de Fanchette ou l'orpheline fran-*

caise (1769), weshalb die Obsession fortan Réti-
fismus genannt wurde. Spätestens seit dem über-
wältigenden Erfolg des Romans *Venus im Pelz*
(1870) von Leopold von Sacher-Masoch lag das
Thema „Fetisch" auch in Deutschland in der Luft.
Mit Vorliebe ließen sich Schuhfetischisten vom
Knallen hochhackiger Stiefel, die weit über das
Knie reichten, erotisch stimulieren. In Kombination mit Corsagen aus Leder, Peitsche und Maske
waren sie der letzte Schrei. Der Sexualforscher
Magnus Hirschfeld pointierte: „Der hochhackige
Lederstiefel auf einem weiblichen Fuß verband
sich in ihrem Gehirn mit der Vorstellung eines
recht energischen, entschiedenen ‚Auftretens'. Er
wurde allmählich [...] für ihre sexuelle Erregung
auf optischem oder akustischem Wege eine condi-
tio sine qua non [...]" In Berlin, dem Fetisch-
Eldorado der 20er Jahre, trugen die Prostituierten
sie als Markenzeichen ihres Gewerbes. Louis-
Charles Royer schrieb über die Freier: „Their fetish is the boot. Their happiness, their passion is
when the woman is pacing up and down her square

of asphalt, to caress the boots with their loving fingers, to breathe them in, to lick them".

Bald hatten Overknees und Ultra High Heels ihren festen Platz in erotischen Magazinen und Lifestyle-Heften wie dem französischen *Le Cuir Triomphant*, dem britischen *London Life*, dem amerikanische *High Heels* oder *Das Magazin* aus Deutschland. Sie erfreuten ihre Fans mit mehr oder weniger eindeutigen Pin Ups und „Geständnissen": Erst kam das Hören, dann das Betrachten, Berühren, Beriechen der Stiefel und Schuhe. Rollenspiele steigerten das sexuelle Verlangen. Je nach individuellen Vorlieben schlürfte man aus dem Stöckelschuh Champagner oder gab sich erregenden Geräuschen hin, etwa wenn mit dem Schuh Ungeziefer zertreten wurde.

Stilettos

Für Pumps mit extrem hohen und sehr schmalen Absätzen kam bereits in den 30er Jahren die Bezeichnung „Stiletto" auf. Dabei handelte es sich um seltene Unikate – wie die Maßanfertigungen

André Perugias für die französische Sängerin Mistinguett. Bis die Schuhe mit dem Bleistiftabsatz Marktreife erlangten, sollte es aber noch 20 Jahre dauern.

Zunächst setzte der Zweite Weltkrieg der Schuhmode in Europa enge Grenzen. Umso größer war danach die Sehnsucht nach damenhaften Pumps. Christian Diors spektakuläre A-Linie – die weit schwingenden Kleider mit der Wespentaille - und Roger Viviers hochhackige Schuhe mit dem Pyramidenabsatz wirkten wie eine Verheißung. Man war der Trümmerkluft überdrüssig und erwartete sehnsuchtsvoll die Rückkehr „echter" Weiblichkeit - in Form von „schicken" Schuhen und amerikanischen Nylons.

Um 1953 war es so weit! Mit unerhört hohen und sehr dünnen Absätzen betraten die neuen Stöckelschuhe die Bühne der Selbstdarstellung. Wer sie wirklich erfunden hat, ist schwer zu sagen. Gemeinhin werden sie Roger Vivier, dem Fragonard des Schuhdesigns, zugeschrieben. Doch sie tauchten zur selben Zeit in den Schuhkollektionen Salvatore Ferragamos und Beth Levines auf. Der italienische Designer André Perugia entwarf für Charles Jourdan Stilettos, die zur Legende wurden. Sein sagenhaftes Modell in der Form eines Fischs, eine Hommage an das Gemälde *Les Poissons Noirs* (1942) von Georges Braques, hatte nur einen Hauch von Absatz: hoch und ultradünn.

Bis dahin waren extrem schmale High Heels von Hand aus laminiertem Holz gefertigt worden. Doch nun gingen Absätze in Serienproduktion, die in ihrem Kern einen Stahlstift bargen. Fortan ruhte das Gewicht der modebewussten Frauen auf solchen hauchdünnen Stilettos, die im Durchmesser gerade einmal einen Pfennig maßen. Mit gnadenloser Härte ruinierten sie geräuschvoll das Parkett und bohrten sich in die neuen PVC-Beläge. Weshalb sie in öffentlichen Gebäuden, Museen und Flugzeugen verboten waren.

Ganz gleich wer sie „erfunden" hat und wann genau dies geschah: Mit den Stilettos traten die Super High Heels aus dem Zwielicht der Halbwelt in das glamouröse Licht der Haute Couture und wenig später der Prêt-à-Porter-Mode. Die Zeitgenossen erlebten den Einzug des einst Verpönten in den Mainstream. Beim Sturm auf die bürgerliche Schuhmode griff man zu einem Trick: Die hohen Hacken kamen als Pumps und nicht als verruchte Stiefel daher. Dies machte sie gerade noch akzeptabel.

Trotzdem wurde der gezähmte Fetisch sein anrüchiges Image nie ganz los. Stöckelschuhe mit Bleistiftabsatz standen für herausforderndes Verhalten, und sie galten als erotische Signale. Sie wurden zum Markenzeichen für „bad girls" und solche, die selbstbewusst hart am Limit kokettierten. Für die Lust an der Inszenierung, für das Spiel mit Posen und für starke Statements waren die eben noch unanständig hohen Absätze ein willkommenes Accessoire. In der erotischen Schule der Koketterie, die der Soziologe Georg Simmel bereits 1907 beschrieben hatte, erweiterten sie das Repertoire der visuellen und akustischen Zeichen.

Vielleicht war ihr Siegeszug aus diesem Grunde nicht aufzuhalten - gegen alle gesundheitliche

Vernunft und bürgerliche Moral, die bereits Ende des 19. Jahrhunderts nicht müde wurde, vor den schädlichen und gefährlichen hohen Absätzen zu warnen! Die Schuhmoden wechselten, High Heels und Stilettos aber blieben bestehen.

Klang und Körper

Stets war ihre bevorzugte Bühne die Stadt. Auf diesem schier endlosen Laufsteg beanspruchen Stöckelschuhe nicht allein visuelle Aufmerksamkeit: Bereits der Klang der Absätze ist nicht zu überhören. Selbst wenn er nur kurz zu vernehmen ist, zieht er sofort alle Aufmerksamkeit auf sich. Er tritt hervor aus der atmosphärischen Geräuschkulisse einer Straßenszene. In Foyers, Sälen, Einkaufspassagen oder Fußgängerunterführungen, auf Marmor, Parkett oder Granit ist der Klang der Stöckelschuhe sogar dominierend. Nicht nur Männer, sondern auch Frauen ändern nach eigenem Bekunden die Blickrichtung, um zu taxieren, wer sich ihnen da auf hohen Hacken nähert. Ganz gleich, ob das Klacken der Absätze eher als tonales oder breitbandiges Geräusch einer bestimmten Klangfarbe wahrgenommen wird, von diesem Sound geht eine Irritation aus. Er kann als aufregend, angenehm und erwünscht oder aber im Gegenteil als bedrohlich, störend und negativ empfunden werden. Und er kann im Ohr des Hörenden zum Ausweis für Aggressivität, Vitalität, Lebendigkeit oder gar von Freiheit mutieren. Doch darüber hinaus ist es der Klang des Stöckelschuhs selbst, der ein akustisches Territorium in Bewegung formt: durch seinen Rhythmus, seine Vibrationen, sein Echo.

Zum Stakkato der hohen Absätze wird das tanzende Fleisch wahrgenommen. Bereits Honoré de Balzac bemerkte: „Wenn die kokette Dame geht, so entsteht eine gewisse harmonische, konzentrische Bewegung, dass unter dem Stoffe ihre sanften oder gefährlichen Formen zittern wie in der Mittagsonne und grünem Rasen. Keiner weiß, ob sie von einem Engel oder von einem Teufel dieses graziöse Schwanken gelernt hat."

100 Jahre später lösten Frauen in Stöckelschuhen eher männliche Unterwerfungsfantasien aus. Der

Fotograf Helmut Newton gestand in einem Interview, ihn interessiere eigentlich nur die Frau, die triumphiert. Nicht zufällig sind seine weiblichen Akte ohne High Heels kaum vorstellbar. „Die Gestalt aufrecht! Die Haltung hochmütig, der Busen hoch, der Körper muskulös – die Frau als moderne Walküre ist da, skulpturengleich, surreal", so begrüßte 1984 *Le Nouvel Observateur* Newtons Fotoausstellung der „großen Nackten" im Musée d'art moderne. Überlebensgroß, athletisch, unterkühlt, verführerisch und unüberhörbar marschieren sie auf den Betrachter zu. „Sie kommen!" – das war die Invasion der Weiblichkeit.

Ein Déjà-Vu! Die lauten Schuhe sind seit jeher verbunden mit den Wunsch- und Angstprojektionen ihrer Verehrer, Fans und Gegner. Die Frau in High Heels ist darin entweder Traum- oder Alptraumfrau.

Literatur zu High Heels

Shari Benstock/Suzanne Ferriss (Hg.): Footnotes. On Shoes, New Brunswick 2001; Hartmut Böhme: Fetischismus und Kultur. Eine andere Theorie der Moderne, Reinbek 2006; Nancy Friday: Die sexuellen Phantasien der Männer, Reinbek 1984; Mel Gordon: Sündiges Berlin: Die zwanziger Jahre. Sex, Rausch, Untergang, Zeltlingen 2011; Anne Hollander: Seeing through Clothes, Berkeley 1993; Brandon LaBelle: Acoustic Territories. Sound Culture and Everyday Life, New York/London 2010; Linda O'Keeffe: Schuhe. Eine Hommage an Sandalen, Slipper, Stöckelschuhe, Köln 1997; Schuhtick: von kalten Füßen und heißen Sohlen, Begleitbuch zur Ausstellung im Westfälischen Landesmuseum Herne, hrsg. von Hartmut Roder, Frankfurt a. M. 2008; Edward Shorter: Written in the Flesh: A History of Desire, Toronto 2005; Valerie Steele: Fetisch. Mode, Sex und Macht, Reinbek 1998; Jonathan Walford: Der verführerische Schuh. Modetrends aus vier Jahrhunderten, Heidelberg 2007.

Textnachweise

„Das Fräuleinwunder", gesendet als *Zeitzeichen* im Bayerischen Rundfunk am 09.03.2009, 9.00 Uhr.

„Sehr aufgesetzt", veröffentlicht in der Rubrik „How to spend it" der *Financial Times Deutschland* am 25. Juli 2008.

„Küss mich!", veröffentlicht in der Rubrik „How to spend it" der *Financial Times Deutschland* am 05. September 2008.

„Rauchzeichen", Originalbeitrag (2008), bislang nicht veröffentlicht.

„Wie das Dirndl zuerst jüdisch und dann nationalsozialistisch wurde", veröffentlicht in der Rubrik „Kulturgeschichte" der *Jüdischen Allgemeinen Zeitung* am 25. September 2015.

„Von toten Punkten und der wilden Frische von Limonen. Der Klang der Marken", zuerst abge-

druckt in: Gerhard Paul und Ralph Schock (Hg.):
Sound der Zeit. Geräusche, Töne, Stimmen – 1889
bis heute, Göttingen 2014, S. 387-394.

„Klack, klack, klack … Der erotische Klang der
Stöckelschuhe", zuerst abgedruckt in: Gerhard
Paul und Ralph Schock (Hg.): Sound der Zeit. Geräusche, Töne, Stimmen – 1889 bis heute, Göttingen 2014, S. 405-409.

Bei BoD sind von Karin Hartewig erschienen:

„Schön ist es hier!" Roman, 2013.

Das ist Deutschland! Eine Landeskunde für alle, 2016.

Kunst für alle! Hitlers ästhetische Diktatur, ³2018.

Demnächst erscheint:

„Fortuna lächelt spröde" Bilder, Haikus, Tankas und andere Lyrik, 2018.